Dividendos

Jackson Cooper

Página de Derechos de Autor

Indice

El Secreto del Dinero que Trabaja para Ti

Imagina que cada mañana despiertas y, sin hacer nada, tu cuenta bancaria crece. No importa si decides quedarte en la cama, viajar por el mundo o pasar el día con tu familia. El dinero sigue entrando. No porque trabajaste más horas ni porque encontraste un empleo mejor pagado, sino porque tu dinero está trabajando para ti. Este es el verdadero secreto de la riqueza: dejar de depender de tu esfuerzo diario y construir fuentes de ingresos que generen dinero sin que tú tengas que estar presente.

La mayoría de las personas pasan su vida intercambiando tiempo por dinero. Se levantan temprano, van a trabajar, cumplen un horario y reciben un salario al final del mes. Si dejan de trabajar, dejan de ganar. Es un ciclo que parece imposible de romper, pero hay una salida: los ingresos pasivos. Y dentro de ellos, los dividendos y las regalías son las formas más inteligentes y efectivas de hacer que el dinero trabaje por ti.

Los dividendos son pagos que las empresas hacen a sus accionistas como recompensa por invertir en ellas. Si compras acciones de una empresa que paga dividendos, cada cierto tiempo recibirás dinero sin hacer nada más que ser dueño de esas acciones. Es como tener un pedazo de una máquina de hacer dinero que sigue funcionando sin que tú tengas que mover un solo dedo. Cuantas más acciones poseas, más dinero recibirás. Y lo mejor es que puedes reinvertir esos pagos para comprar más acciones, lo que hace que tus ingresos crezcan cada vez más.

Por otro lado, las regalías funcionan de una manera similar. Son pagos que recibes por algo que creaste o posees los derechos de explotación. Pueden provenir de libros, música, patentes, franquicias, películas, software o cualquier otro producto que se venda y siga generando ingresos sin que tú tengas que estar involucrado directamente. Es la razón por la que algunos autores, músicos y emprendedores siguen ganando dinero años después de haber creado algo una sola vez.

Lo más poderoso de este sistema es que rompe la relación entre tu tiempo y tu dinero. Mientras la mayoría de las personas solo pueden ganar más si trabajan más, quienes entienden el poder de los ingresos pasivos pueden ganar más simplemente invirtiendo mejor o creando activos que sigan generando dinero en el tiempo. Esto significa que no necesitas estar físicamente presente para generar ingresos. Puedes estar en la playa, dormido o viajando y el dinero sigue fluyendo.

El verdadero juego de la riqueza no se trata de trabajar más duro, sino de trabajar de manera más inteligente. Se trata de construir un sistema donde el dinero fluya hacia ti de forma constante sin que tu tiempo sea el factor limitante. Y la clave para lograrlo es empezar a construir fuentes de ingresos que se mantengan en el tiempo.

Al principio puede parecer imposible, pero la realidad es que cualquier persona con la información correcta y la mentalidad adecuada puede hacerlo. No necesitas ser millonario para empezar, ni tener conocimientos avanzados en finanzas. Solo necesitas tomar la decisión de dejar de depender únicamente de tu trabajo y comenzar a construir activos que trabajen por ti. Con cada inversión en dividendos o cada sistema de regalías que pongas en marcha, estarás comprando tu libertad financiera, acercándote a un punto en el que el dinero deje de ser una preocupación y se convierta en una herramienta que te permita vivir como realmente quieres.

El secreto del dinero que trabaja para ti no es un truco mágico ni una promesa vacía. Es un sistema probado que ha sido utilizado por las personas más ricas del mundo para generar riqueza sin límites. La única pregunta que queda es: ¿vas a seguir intercambiando tu tiempo por dinero o vas a empezar a construir una vida donde el dinero trabaje para ti?

Tipos de Dividendos y Regalías

Cuando escuchas la palabra dividendos o regalías, podrías pensar que son cosas complicadas reservadas para inversionistas de Wall Street o artistas famosos. Pero la realidad es que son simplemente pagos que puedes recibir de manera constante sin tener que hacer un esfuerzo adicional. Son la clave para ganar dinero sin trabajar más horas y, lo mejor de todo, existen muchas formas de obtenerlos. Entender los diferentes tipos de dividendos y regalías te ayudará a elegir la mejor estrategia para construir una fuente de ingresos pasivos que trabaje para ti.

Los dividendos son pagos que las empresas reparten a sus accionistas como una recompensa por invertir en ellas. No todas las empresas pagan dividendos, pero muchas lo hacen para atraer inversionistas y mantener su confianza. Hay varios tipos de dividendos, y conocerlos te permitirá elegir en cuáles invertir según tus objetivos financieros.

El tipo más común es el dividendo en efectivo. Es exactamente lo que suena: la empresa deposita dinero en tu cuenta periódicamente, generalmente cada trimestre, solo por el hecho de ser dueño de sus acciones. Este es el método favorito de quienes buscan vivir de sus inversiones, ya que pueden usar esos pagos para cubrir gastos sin vender sus acciones. Entre más acciones poseas, más dinero recibirás en cada pago.

Otro tipo es el dividendo en acciones. En lugar de pagarte en efectivo, la empresa te entrega más acciones, lo que significa que tu participación en la compañía aumenta sin que tengas que invertir más dinero. Este tipo de dividendo es ideal si quieres hacer crecer tu inversión a largo plazo, ya que cada nueva acción que recibes te dará más dividendos en el futuro. Es una forma de aprovechar el interés compuesto y multiplicar tu riqueza con el tiempo.

También existen los dividendos especiales, que son pagos únicos que una empresa decide hacer en ocasiones específicas, generalmente cuando ha tenido un gran año de ganancias o ha vendido parte de su negocio. No son predecibles, pero pueden ser una excelente bonificación inesperada para los inversionistas.

Por último, están los dividendos preferentes, que se pagan a los dueños de acciones preferentes antes que a los dueños de acciones comunes. Aunque estas acciones suelen tener menos potencial de crecimiento en el precio, ofrecen pagos más estables y predecibles, lo que las hace atractivas para quienes buscan ingresos consistentes.

Por otro lado, las regalías son pagos que recibes por algo que creaste, posees o permites que otros utilicen. Funcionan como una fuente de ingresos pasivos porque sigues ganando dinero sin necesidad de estar activamente involucrado en el proceso. Hay muchas formas de obtener regalías y cada una tiene sus propias ventajas.

Las regalías por derechos de autor son de las más conocidas. Si escribes un libro, compones una canción, creas una película o desarrollas un software, puedes recibir pagos cada vez que alguien compra, usa o distribuye tu obra. Los autores de bestsellers y los músicos que han lanzado éxitos globales pueden ganar millones de dólares en regalías incluso décadas después de haber creado su trabajo. Pero no necesitas ser una celebridad para beneficiarte de este modelo. Muchas personas escriben libros electrónicos, crean cursos en línea o diseñan imágenes digitales que generan ingresos pasivos año tras año.

Las regalías por patentes son otra fuente poderosa de ingresos. Si inventas algo y patentas tu creación, puedes otorgar licencias a empresas para que utilicen tu invención a cambio de un pago continuo. Esto es común en la industria tecnológica y farmacéutica, donde innovaciones en software, dispositivos o medicamentos pueden generar regalías millonarias durante décadas.

Otro tipo son las regalías por franquicias. Si creas un modelo de negocio exitoso y decides franquiciarlo, otras personas pueden pagar por utilizar tu marca y tu sistema a cambio de una tarifa periódica. Las cadenas de restaurantes, gimnasios y tiendas de conveniencia utilizan este modelo para expandirse sin tener que operar cada nueva ubicación ellos mismos. Los dueños de la franquicia reciben regalías constantes sin necesidad de administrar cada negocio directamente.

También están las regalías por licencias de marca. Si posees una marca popular, puedes permitir que otras empresas la usen en sus productos a cambio de un pago continuo. Esto es común en la industria de la moda, el entretenimiento y los deportes. Empresas como Disney generan miles de millones en regalías simplemente otorgando licencias para que otras compañías usen sus personajes en juguetes, ropa y productos de consumo.

Finalmente, existen las regalías en la industria del petróleo, el gas y la minería. Si eres dueño de tierras ricas en recursos naturales, puedes permitir que empresas las exploten a cambio de una parte de las ganancias. No necesitas hacer nada más que poseer la propiedad para recibir pagos constantes.

La gran ventaja de los dividendos y las regalías es que puedes combinarlas. No tienes que elegir una sola forma de ingresos pasivos. Puedes invertir en acciones que pagan dividendos mientras construyes una fuente de regalías con un libro, una patente o una franquicia. Cuantas más fuentes de ingresos tengas, más estable y predecible será tu flujo de dinero.

En el mundo de los negocios y las inversiones, la clave no es trabajar más duro, sino más inteligente. Si entiendes cómo funcionan los dividendos y las regalías, puedes empezar a construir un sistema en el que el dinero fluya hacia ti de manera constante. Lo importante es empezar lo antes posible, porque el tiempo es el mejor aliado de quienes buscan vivir del dinero que trabaja para ellos.

Cómo las Grandes Fortunas Crecen con Dividendos

Si observas cómo se han construido las grandes fortunas del mundo, notarás un patrón claro: la mayoría de los millonarios no hicieron su riqueza trabajando más horas ni dependiendo únicamente de un negocio. En cambio, usaron una estrategia que multiplica el dinero sin esfuerzo constante. Esa estrategia es invertir en activos que generan dividendos y regalías. No se trata solo de comprar y vender cosas, sino de poseer activos que sigan generando dinero mientras ellos duermen.

Las grandes fortunas crecen con dividendos porque estos permiten que el dinero se reinvierta y crezca de manera exponencial con el tiempo. Imagina que compras acciones de una empresa sólida que paga dividendos cada trimestre. Esas acciones te generan pagos constantes, y en lugar de gastar ese dinero, lo reinviertes para comprar más acciones. Esto hace que en el siguiente trimestre tus dividendos sean mayores, porque ahora posees más acciones que generan más pagos. Al repetir este proceso durante años, tu inversión inicial se convierte en una fuente de ingresos cada vez más grande sin que tengas que agregar más dinero de tu bolsillo.

Este método ha sido utilizado por inversionistas legendarios como Warren Buffett, quien ha construido una de las mayores fortunas del mundo gracias a su enfoque en empresas que pagan dividendos. Buffett no solo compra acciones, sino que busca compañías con negocios estables que repartan parte de sus ganancias a los accionistas. Luego, reinvierte esos dividendos para comprar más acciones, permitiendo que su riqueza crezca sin necesidad de vender su portafolio.

El secreto de los dividendos es el interés compuesto. A diferencia de una cuenta de ahorros, donde los intereses suelen ser bajos y apenas cubren la inflación, los dividendos pueden crecer a un ritmo mucho más alto. Si una empresa aumenta sus dividendos cada año y tú sigues reinvirtiendo, el dinero se multiplica de forma acelerada. Esto es lo que permite que con el tiempo los inversionistas generen ingresos que superan por completo lo que ganarían con un salario tradicional.

Otro ejemplo claro de cómo las grandes fortunas crecen con dividendos es el de John D. Rockefeller, quien fue el hombre más rico de su época. Rockefeller no solo construyó su imperio petrolero, sino que también era un fanático de los dividendos. Se dice que disfrutaba recibir los cheques de sus inversiones y consideraba los dividendos como la mejor forma de ingreso. No importaba si los precios del petróleo subían o bajaban, él seguía recibiendo pagos constantes por ser dueño de acciones en empresas rentables.

Hoy en día, muchas de las personas más ricas del mundo continúan usando esta estrategia. Grandes fondos de inversión y multimillonarios poseen participaciones en empresas que generan dividendos para ellos de manera constante. No dependen de un solo negocio ni de una única fuente de ingresos, sino que construyen portafolios diversificados que trabajan para ellos.

Además de los dividendos, las grandes fortunas también crecen con regalías, que funcionan de manera similar. Empresas como Disney ganan miles de millones en regalías cada año simplemente porque poseen los derechos de personajes y franquicias famosas. Cada vez que alguien compra un producto con la imagen de Mickey Mouse, la empresa recibe un pago sin hacer nada adicional. Lo mismo ocurre con compañías tecnológicas que licencian software, autores de libros que generan ingresos cada vez que alguien compra una copia y músicos que siguen ganando dinero cada vez que su canción suena en la radio o en una plataforma de streaming.

Si quieres construir riqueza como lo han hecho las grandes fortunas, el primer paso es cambiar tu mentalidad sobre el dinero. En lugar de ver el dinero como algo que debes ganar con tu tiempo y esfuerzo, comienza a verlo como una herramienta que puede trabajar para ti. La clave es adquirir activos que generen dividendos o regalías de forma constante y reinvertir esas ganancias en más activos.

No necesitas ser millonario para empezar. Muchas personas comunes han construido riqueza aplicando esta estrategia con pequeñas inversiones que crecieron con el tiempo. Lo importante es empezar cuanto antes y ser constante. Cada dólar que inviertes en un activo que genera dividendos o regalías es un soldado trabajando para ti, multiplicando tu dinero y acercándote a la libertad financiera.

Las grandes fortunas no se hacen de la noche a la mañana, pero quienes entienden el poder de los dividendos y las regalías construyen riqueza de manera estable y segura. No hay magia ni suerte en esto, solo una estrategia que ha sido probada por los inversionistas más exitosos del mundo. La única pregunta es si estás dispuesto a usarla a tu favor.

Cómo Elegir Empresas que Pagan Buenos Dividendos

No todas las empresas que pagan dividendos son buenas inversiones. Algunas ofrecen altos pagos al principio, pero luego dejan de ser rentables, mientras que otras pagan dividendos de manera constante durante décadas, volviéndose verdaderas máquinas de generar riqueza. Saber cómo elegir empresas que pagan buenos dividendos es clave para construir un portafolio que te proporcione ingresos pasivos de forma estable y creciente con el tiempo.

El primer paso para elegir una buena empresa que pague dividendos es asegurarte de que su negocio sea sólido. No basta con que una compañía esté pagando altos dividendos en este momento, necesitas saber si podrá seguir pagándolos en el futuro. Una empresa con ingresos estables y crecientes es más confiable que una empresa con altibajos. Las mejores compañías para invertir suelen ser aquellas que operan en industrias esenciales, como alimentación, energía, telecomunicaciones o productos de consumo. Estas empresas siguen ganando dinero sin importar si la economía está en crisis o en auge, lo que las hace más seguras para los inversionistas.

Otro factor clave es revisar el historial de dividendos de la empresa. Si una compañía ha pagado dividendos de manera constante durante 10, 20 o incluso 50 años, es una buena señal. Esto significa que la empresa tiene un modelo de negocio que genera ganancias suficientes para compartir con sus inversionistas. Mejor aún si la empresa no solo ha pagado dividendos por muchos años, sino que los ha aumentado regularmente. Las compañías que aumentan sus dividendos año tras año permiten que tu inversión crezca sin necesidad de comprar más acciones. Este crecimiento es fundamental para protegerte contra la inflación y asegurarte de que tus ingresos aumenten con el tiempo.

El siguiente punto que debes analizar es la rentabilidad por dividendo, que se expresa en porcentaje. Se calcula dividiendo el dividendo anual que paga una empresa entre el precio de su acción. Por ejemplo, si una empresa paga 5 dólares por acción al año y su acción cuesta 100 dólares, su rentabilidad por dividendo es del 5 por ciento. Un dividendo muy alto no siempre es una buena señal. A veces, una empresa ofrece un dividendo elevado porque está en problemas y su precio ha caído demasiado. En general, una rentabilidad entre el 2 y el 6 por ciento suele ser más segura que una empresa que promete pagar un 10 por ciento o más, ya que los pagos demasiado altos pueden ser insostenibles.

Otro indicador importante es el payout ratio, que mide qué porcentaje de las ganancias de la empresa se destina a pagar dividendos. Si una empresa usa el 80 o 90 por ciento de sus beneficios para pagar dividendos, puede ser riesgoso, porque significa que no está dejando suficiente dinero para reinvertir en el negocio y crecer. En cambio, si el payout ratio está entre el 40 y el 60 por ciento, es un signo de que la empresa tiene un equilibrio saludable entre recompensar a los accionistas y seguir invirtiendo en su expansión.

También debes analizar la deuda de la empresa. Una compañía con demasiadas deudas puede tener problemas para mantener sus pagos de dividendos en el futuro, especialmente si la economía entra en una recesión. Empresas con bajo nivel de endeudamiento y buenos márgenes de ganancia tienen más posibilidades de mantener pagos estables y crecientes en el tiempo.

Un buen truco es fijarse en empresas que forman parte de los llamados aristócratas del dividendo. Estas son compañías que han aumentado sus dividendos durante 25 años o más de forma ininterrumpida. Empresas como Coca-Cola, Procter & Gamble y Johnson & Johnson han pagado y aumentado sus dividendos durante décadas, lo que demuestra su solidez y compromiso con los inversionistas.

Además de todos estos factores, es fundamental diversificar. No pongas todo tu dinero en una sola empresa, por más prometedora que parezca. Invierte en varias compañías de diferentes industrias para reducir riesgos. Si una empresa tiene problemas, las demás seguirán generando ingresos para ti.

Elegir empresas que pagan buenos dividendos no se trata de adivinar ni de apostar. Se trata de hacer un análisis basado en números y datos concretos. Si sigues estos principios, podrás construir un portafolio que te genere ingresos constantes y crecientes sin que tengas que preocuparte por las fluctuaciones del mercado. Con el tiempo, estas inversiones te permitirán vivir de tus dividendos y lograr la libertad financiera que tantas personas buscan.

Crea tu Primer Portafolio de Dividendos

Construir tu primer portafolio de dividendos es el primer paso hacia la libertad financiera. No necesitas ser un experto en inversiones ni tener una gran cantidad de dinero para empezar. Lo más importante es comprender la estrategia y aplicarla con disciplina. Un buen portafolio de dividendos te permitirá generar ingresos constantes sin tener que vender tus acciones, dándote la posibilidad de vivir de ellos en el futuro.

Lo primero que debes hacer es definir tu objetivo. ¿Quieres un portafolio que te proporcione ingresos inmediatos o prefieres uno que crezca con el tiempo? Si buscas ingresos inmediatos, debes enfocarte en empresas que paguen dividendos altos y constantes. Si tu objetivo es hacer crecer tu capital, lo mejor es invertir en empresas que aumenten sus dividendos cada año, permitiendo que tu inversión se multiplique con el tiempo.

El siguiente paso es seleccionar las empresas adecuadas. No todas las compañías que pagan dividendos son buenas opciones. Debes buscar empresas sólidas, con negocios estables y con un historial comprobado de pago de dividendos. Lo ideal es elegir empresas que hayan pagado dividendos de manera constante durante al menos diez años y, mejor aún, aquellas que los hayan aumentado regularmente. Estas compañías demuestran que tienen un modelo de negocio rentable y que priorizan a sus inversionistas.

La diversificación es clave en un portafolio de dividendos. No pongas todo tu dinero en una sola empresa o en una sola industria. Un portafolio bien diversificado debe incluir compañías de diferentes sectores, como tecnología, consumo masivo, salud, energía y servicios financieros. De esta manera, si una industria enfrenta dificultades, otras seguirán generando ingresos, protegiendo tu inversión a largo plazo.

Una estrategia efectiva es construir tu portafolio con una combinación de empresas de alto rendimiento y empresas de crecimiento de dividendos. Las de alto rendimiento pagan dividendos elevados en el presente, mientras que las de crecimiento de dividendos pueden aumentar sus pagos con el tiempo, permitiéndote generar más ingresos en el futuro.

Otro factor importante es la rentabilidad por dividendo. Un error común de los principiantes es buscar empresas con los dividendos más altos sin analizar si son sostenibles. Una rentabilidad entre el 2 y el 6 por ciento es una buena referencia, ya que empresas con pagos demasiado altos pueden estar en riesgo de recortar sus dividendos en el futuro.

El payout ratio es otro indicador clave. Este número te dice qué porcentaje de las ganancias de la empresa se destina al pago de dividendos. Un payout ratio saludable suele estar entre el 40 y el 60 por ciento, ya que permite que la empresa siga reinvirtiendo en su crecimiento. Si una empresa está pagando más del 80 por ciento de sus ganancias en dividendos, puede ser una señal de alerta, ya que significa que tiene menos margen para enfrentar crisis económicas o expandir su negocio.

Una vez que hayas seleccionado tus primeras acciones, es importante decidir cómo administrar tu portafolio. La mejor estrategia para maximizar tus ganancias es reinvertir los dividendos en nuevas acciones. Esto te permite aprovechar el poder del interés compuesto, haciendo que tus inversiones crezcan cada vez más sin necesidad de aportar dinero adicional.

Para facilitar la reinversión de dividendos, muchas empresas y corredores de bolsa ofrecen programas de reinversión automática, conocidos como DRIP. Con estos programas, en lugar de recibir tus dividendos en efectivo, se utilizan para comprar más acciones de la misma empresa sin pagar comisiones. Esto acelera el crecimiento de tu portafolio y te ayuda a construir riqueza a largo plazo.

También es fundamental revisar tu portafolio periódicamente. No es necesario hacerlo todos los días, pero al menos una vez cada trimestre o cada seis meses, revisa el desempeño de tus inversiones. Verifica si las empresas siguen pagando dividendos y si han aumentado sus pagos. Si una empresa reduce sus dividendos o atraviesa dificultades financieras, evalúa si es momento de venderla y buscar una mejor opción.

Invertir en dividendos no es una estrategia para hacerse rico rápido, sino una forma de construir riqueza de manera estable y segura. Con el tiempo, tu portafolio de dividendos puede convertirse en una fuente de ingresos pasivos que te permita vivir sin depender de un salario.

El secreto está en la constancia. Incluso si empiezas con pequeñas cantidades, lo importante es mantener la disciplina de reinvertir los dividendos y seguir añadiendo nuevas inversiones con el tiempo. A medida que tu portafolio crezca, verás cómo los ingresos por dividendos aumentan de manera significativa, acercándote cada vez más a la libertad financiera.

Reinversión de Dividendos

Reinvertir los dividendos es una de las estrategias más poderosas para hacer crecer tu riqueza sin esfuerzo adicional. En lugar de gastar el dinero que recibes de los dividendos, lo utilizas para comprar más acciones, lo que a su vez genera más dividendos en el futuro. Este ciclo crea un efecto de bola de nieve que, con el tiempo, puede convertir una inversión pequeña en una fuente de ingresos considerable.

Para entender el impacto de la reinversión de dividendos, imagina que inviertes en una empresa que paga un dividendo del 5 por ciento anual. Si dejas los dividendos en tu cuenta bancaria, ese dinero simplemente estará ahí sin producir nada más. Pero si usas esos dividendos para comprar más acciones, en el siguiente año tendrás una cantidad mayor de acciones generando dividendos, lo que significa que recibirás un pago más alto. A medida que repites este proceso, el crecimiento se acelera porque cada nuevo dividendo genera más dividendos en el futuro.

El secreto detrás de esta estrategia es el interés compuesto. Cuando reinviertes tus dividendos, los nuevos dividendos que recibes también empiezan a generar más dinero por sí mismos. Con el tiempo, esta acumulación hace que tu inversión crezca exponencialmente. Es por eso que los inversionistas más exitosos, como Warren Buffett, han construido su riqueza reinvirtiendo constantemente sus ingresos en lugar de gastarlos.

La forma más eficiente de reinvertir dividendos es a través de los programas de reinversión automática, conocidos como DRIP. Muchas empresas y corredores de bolsa ofrecen esta opción, que permite que los dividendos se usen automáticamente para comprar más acciones sin que tengas que hacer nada. Estos programas suelen permitir la compra de acciones fraccionadas, lo que significa que puedes reinvertir cada centavo de los dividendos sin esperar a acumular suficiente dinero para comprar una acción entera.

Otra ventaja de la reinversión de dividendos es que te ayuda a comprar más acciones de forma automática sin preocuparte por el precio del mercado. Cuando los precios de las acciones bajan, los dividendos te permiten comprar más acciones a un precio más barato. Cuando los precios suben, sigues comprando, pero ahora con el beneficio de haber acumulado más acciones en momentos anteriores. Este método, conocido como promediación del costo, reduce el riesgo y te permite beneficiarte a largo plazo sin importar las fluctuaciones del mercado.

Es importante destacar que la reinversión de dividendos es especialmente poderosa cuando se combina con empresas que aumentan sus dividendos año tras año. Si inviertes en compañías que pagan dividendos y además los incrementan de forma constante, no solo estarás acumulando más acciones con el tiempo, sino que también cada acción generará más ingresos en el futuro. Este doble efecto acelera el crecimiento de tu inversión de una manera impresionante.

Por ejemplo, si compras acciones de una empresa que paga un dividendo inicial del 4 por ciento y reinviertes los dividendos en nuevas acciones, al cabo de unos años podrías estar generando un rendimiento mucho mayor sobre tu inversión inicial. Si además la empresa incrementa sus dividendos cada año, podrías terminar ganando un 8, 10 o incluso 15 por ciento anual sobre tu inversión original sin haber puesto dinero adicional.

Otra razón para reinvertir los dividendos es que te protege contra la inflación. Si simplemente ahorras los dividendos sin reinvertirlos, con el tiempo perderán valor debido al aumento del costo de vida. Pero si los reinviertes en más acciones, estas acciones seguirán generando ingresos crecientes, ayudándote a mantener el poder adquisitivo de tu dinero.

Algunos inversionistas eligen reinvertir los dividendos en la misma empresa que los paga, mientras que otros prefieren diversificar y comprar acciones de otras compañías con ese dinero. Ambas estrategias pueden funcionar bien dependiendo de tu portafolio y tus objetivos. Reinvertir en la misma empresa puede ser beneficioso si la compañía sigue siendo fuerte y rentable, mientras que diversificar puede reducir riesgos y permitirte aprovechar oportunidades en diferentes sectores.

El mejor momento para dejar de reinvertir los dividendos es cuando ya no necesitas hacer crecer tu inversión, sino que quieres vivir de los ingresos pasivos. En ese punto, en lugar de usar los dividendos para comprar más acciones, puedes empezar a cobrarlos en efectivo y utilizarlos para cubrir tus gastos. Si construiste un portafolio sólido, los dividendos pueden convertirse en una fuente de ingresos suficiente para vivir sin necesidad de vender tus acciones.

La clave del éxito con la reinversión de dividendos es la paciencia. No verás resultados espectaculares de la noche a la mañana, pero si eres constante, los efectos del interés compuesto se volverán cada vez más evidentes. Con el tiempo, tu inversión inicial puede multiplicarse varias veces sin que tengas que aportar más dinero.

Si quieres construir riqueza de forma estable y segura, reinvertir los dividendos es una de las mejores estrategias disponibles. Es una manera sencilla y efectiva de aumentar tu dinero sin esfuerzo adicional, aprovechando el poder del interés compuesto para que tu inversión trabaje para ti.

Cómo Proteger tus Dividendos en Tiempos de Crisis

Cuando la economía entra en crisis, muchas personas entran en pánico y venden sus inversiones sin pensar en las consecuencias a largo plazo. Sin embargo, los inversionistas inteligentes entienden que las crisis pueden ser oportunidades para fortalecer su portafolio de dividendos en lugar de verlo caer en pedazos. Saber cómo proteger tus dividendos en tiempos difíciles es clave para mantener la estabilidad de tus ingresos pasivos y asegurar que tu estrategia de inversión siga funcionando sin importar lo que pase en el mundo.

El primer paso para proteger tus dividendos en una crisis es invertir en empresas sólidas desde el principio. No todas las compañías tienen la capacidad de soportar una recesión sin reducir o eliminar sus pagos a los accionistas. Es fundamental que tu portafolio esté compuesto por empresas con modelos de negocio resistentes, ingresos estables y un historial comprobado de pago de dividendos incluso en tiempos difíciles. Las mejores opciones suelen ser empresas de sectores esenciales, como alimentos, energía, salud y telecomunicaciones, ya que estos productos y servicios siguen teniendo demanda incluso en las peores crisis económicas.

Una señal importante de fortaleza en una empresa es su historial de dividendos. Si una compañía ha pagado y aumentado sus dividendos durante 20, 30 o incluso 50 años, es porque tiene un negocio bien administrado y capaz de generar ingresos sin importar el estado de la economía. Estas empresas, conocidas como aristócratas del dividendo, son excelentes opciones para un portafolio resistente a crisis.

Otro punto clave para proteger tus dividendos es revisar el payout ratio de cada empresa en la que inviertes. Este indicador te dice qué porcentaje de las ganancias de la empresa se usa para pagar dividendos. Si el payout ratio es muy alto, por encima del 80 por ciento, significa que la empresa está destinando casi todas sus ganancias a dividendos, lo que puede ser peligroso en una crisis. Si los ingresos de la empresa caen durante una recesión, es probable que tenga que reducir su dividendo o eliminarlo por completo. Un payout ratio saludable, generalmente entre el 40 y el 60 por ciento, indica que la empresa tiene suficiente margen para seguir pagando dividendos incluso si sus ingresos bajan temporalmente.

También es importante diversificar tu portafolio. No debes depender de una sola empresa o de un solo sector para generar ingresos por dividendos. Si todo tu dinero está en acciones de bancos y el sector financiero atraviesa una crisis, podrías ver recortes en tus pagos. Pero si tu portafolio está distribuido en diferentes industrias, algunas empresas seguirán pagando dividendos aunque otras enfrenten dificultades. La diversificación es una de las formas más efectivas de reducir riesgos y asegurar que siempre tengas flujo de efectivo, sin importar lo que pase en el mercado.

En tiempos de crisis, es recomendable tener un fondo de emergencia en efectivo. Aunque los dividendos pueden proporcionar ingresos regulares, hay momentos en los que ciertas empresas pueden reducir o suspender sus pagos debido a problemas económicos. Tener suficiente dinero en efectivo para cubrir tus gastos durante algunos meses te permitirá evitar vender acciones en el peor momento. La paciencia es clave cuando inviertes en dividendos, y un fondo de emergencia te dará tranquilidad para esperar a que el mercado se recupere sin afectar tu estrategia de inversión.

Otro aspecto fundamental para proteger tus dividendos en tiempos de crisis es evitar vender por miedo. Muchas personas entran en pánico cuando ven caer el valor de sus acciones y terminan vendiendo en el peor momento posible. Si una empresa sigue generando ingresos y mantiene su política de dividendos, no hay razón para vender solo porque el precio de la acción ha bajado. De hecho, las crisis pueden ser oportunidades para comprar más acciones a precios bajos y aumentar la cantidad de dividendos que recibes en el futuro.

Si una empresa en tu portafolio reduce o elimina su dividendo, es importante analizar la situación antes de tomar decisiones apresuradas. Algunas compañías hacen recortes temporales para proteger su estabilidad financiera y luego reanudan sus pagos cuando la economía mejora. En otros casos, un recorte puede ser una señal de que la empresa está en problemas y podría no recuperarse. Evaluar la solidez del negocio, su nivel de deuda y su capacidad de recuperación te ayudará a decidir si mantener la inversión o venderla y buscar una mejor opción.

También es una buena estrategia seguir invirtiendo en dividendos durante una crisis. Cuando los precios de las acciones bajan, la rentabilidad por dividendo aumenta, lo que significa que puedes comprar más acciones y recibir más ingresos a largo plazo. Los inversionistas exitosos ven las recesiones como oportunidades de compra en lugar de razones para entrar en pánico.

Proteger tus dividendos en tiempos de crisis no significa dejar de invertir o cambiar tu estrategia por completo. Significa prepararte con un portafolio bien estructurado, diversificado y resistente, con empresas de calidad y fundamentos sólidos. Si aplicas estas estrategias, no solo mantendrás tus ingresos pasivos en tiempos difíciles, sino que incluso podrás hacer crecer tu portafolio cuando el mercado se recupere. La clave está en pensar a largo plazo, mantener la calma y aprovechar las oportunidades que las crisis pueden ofrecer.

Crear y Monetizar Propiedad Intelectual

La propiedad intelectual es una de las formas más poderosas y subestimadas de generar ingresos pasivos. Crear algo una sola vez y seguir ganando dinero con ello durante años, incluso décadas, es el sueño de cualquier persona que busca libertad financiera. Lo mejor de todo es que cualquiera puede hacerlo. No necesitas ser un genio creativo ni tener un título avanzado, solo necesitas comprender cómo funciona este modelo y cómo aprovecharlo.

La propiedad intelectual se refiere a cualquier creación de la mente que puedas proteger legalmente y monetizar. Esto incluye libros, música, películas, software, cursos digitales, patentes, marcas y diseños. Lo interesante de la propiedad intelectual es que, una vez creada y puesta en el mercado, puede seguir generando ingresos sin que tengas que involucrarte activamente en el proceso. Esa es la magia de las regalías.

El primer paso para crear y monetizar propiedad intelectual es identificar lo que puedes crear. No todos vamos a escribir el próximo bestseller o componer una canción ganadora de un Grammy, pero hay muchas maneras de crear activos intelectuales que generen ingresos constantes. Por ejemplo, escribir un libro electrónico, crear un curso online, desarrollar una aplicación móvil, diseñar gráficos digitales o incluso inventar un producto innovador son formas reales de crear valor que se puede monetizar.

Supongamos que decides escribir un libro. No tiene que ser una obra maestra literaria, solo debe resolver un problema o satisfacer una necesidad. Los libros de no ficción, guías prácticas, manuales técnicos o incluso historias de ficción bien contadas tienen un mercado enorme. Una vez escrito, puedes autopublicarlo en plataformas como Amazon Kindle, donde cada venta te generará una regalía. Lo increíble de este modelo es que el libro sigue a la venta todos los días, en todo el mundo, sin que tengas que hacer nada más después de publicarlo. Escribir un libro es un esfuerzo inicial que puede pagarte por el resto de tu vida.

Si tienes conocimientos específicos, crear un curso online es otra excelente forma de generar ingresos pasivos. Plataformas como Udemy, Teachable o incluso YouTube te permiten crear contenido una sola vez y venderlo indefinidamente. Las personas buscan aprender nuevas habilidades todo el tiempo, y si tu curso resuelve una necesidad real, seguirás ganando dinero cada vez que alguien se inscriba. Al igual que con los libros, el esfuerzo está en la creación, pero la recompensa puede durar años.

La música y el arte digital también son formas poderosas de propiedad intelectual. Si eres músico, cada canción que publicas en plataformas de streaming como Spotify o Apple Music te genera regalías cada vez que alguien la escucha. Lo mismo ocurre con el arte digital y la fotografía. Subir tus imágenes a plataformas como Shutterstock o Adobe Stock te permite ganar dinero cada vez que alguien descarga tu trabajo.

Para los más técnicos, el desarrollo de software o aplicaciones móviles es una mina de oro de ingresos pasivos. Crear una aplicación útil, divertida o educativa y venderla en la App Store o Google Play puede generar ingresos constantes sin necesidad de grandes inversiones. Muchas aplicaciones exitosas fueron creadas por una sola persona o un pequeño equipo, y generan miles de dólares mensuales gracias a las descargas y compras dentro de la aplicación.

Las patentes son otra forma de propiedad intelectual muy poderosa. Si inventas algo novedoso, puedes patentar tu idea y licenciarla a empresas que quieran producir o vender tu producto. A cambio, recibes regalías por cada venta sin tener que fabricar nada tú mismo. Esto ocurre mucho en industrias como la tecnología y la farmacéutica, donde las innovaciones son altamente valiosas y las empresas están dispuestas a pagar por el derecho de usar tu creación.

Una vez que tienes tu propiedad intelectual creada, el siguiente paso es monetizarla. Aquí es donde la estrategia entra en juego. No basta con crear algo grandioso, necesitas ponerlo frente a las personas adecuadas. Esto significa aprender a vender tu producto, a posicionarlo en el mercado y a optimizar tus canales de distribución.

Si tienes un libro, por ejemplo, crear una estrategia de marketing digital es clave. Utiliza las redes sociales, el email marketing y las colaboraciones con otros creadores para generar interés. Ofrece promociones, crea contenido relacionado y aprovecha plataformas como Amazon para posicionar tu libro en los resultados de búsqueda. La visibilidad es fundamental para que tu propiedad intelectual empiece a generar ingresos constantes.

En el caso de los cursos online, mantener la calidad y la relevancia del contenido es esencial. Actualiza tus cursos periódicamente, responde preguntas de tus estudiantes y ofrece valor adicional. Esto hará que tus cursos se mantengan en los primeros lugares de búsqueda y sigan atrayendo nuevos estudiantes año tras año.

Otro aspecto importante es la protección legal de tu propiedad intelectual. Asegúrate de registrar tus derechos de autor, tus marcas y tus patentes para evitar que otros se beneficien de tu trabajo sin tu permiso. Aunque esto puede parecer un paso burocrático, es una inversión necesaria para asegurarte de que los ingresos por tus creaciones sean solo tuyos.

La clave del éxito en la creación y monetización de propiedad intelectual es pensar a largo plazo. Al principio, puede parecer mucho trabajo crear un activo intelectual, pero la recompensa viene después. Cada vez que alguien compra tu libro, se inscribe en tu curso, descarga tu aplicación o escucha tu canción, estás ganando dinero por algo que hiciste una vez. Y a medida que creas más activos, esos ingresos se suman, creando un flujo de dinero pasivo cada vez mayor.

Lo mejor de todo es que la propiedad intelectual no tiene límites. Puedes crear un solo activo que genere ingresos durante años, o puedes seguir creando nuevos productos y expandiendo tus fuentes de regalías. Cuantas más creaciones pongas en el mundo, más ingresos pasivos tendrás.

En última instancia, crear y monetizar propiedad intelectual no solo te da dinero, sino libertad. Te permite trabajar en tus propios términos, sin depender de un salario fijo o de un horario rígido. Te da la posibilidad de generar ingresos mientras viajas, descansas o pasas tiempo con tu familia. Es una de las estrategias más inteligentes para construir riqueza y vivir la vida que realmente quieres. Y lo mejor de todo, cualquiera puede hacerlo. Solo necesitas empezar.

Invertir en Bienes Raíces para Recibir Ingresos Pasivos

Invertir en bienes raíces es una de las formas más probadas y efectivas de generar ingresos pasivos. A lo largo de la historia, muchas personas han construido su riqueza comprando propiedades y rentándolas a otros, obteniendo así una fuente de dinero que fluye mes a mes sin necesidad de intercambiar tiempo por dinero. Lo más atractivo de este tipo de inversión es que, si se hace correctamente, no solo proporciona ingresos constantes, sino que también el valor de las propiedades tiende a aumentar con el tiempo, lo que multiplica las ganancias a largo plazo.

Para invertir en bienes raíces con el propósito de generar ingresos pasivos, el primer paso es entender los diferentes tipos de propiedades que puedes adquirir. Existen varias opciones, como casas, apartamentos, locales comerciales, oficinas y terrenos. Cada una tiene ventajas y desventajas, pero la clave es elegir una que se ajuste a tu capacidad de inversión y que tenga demanda en el mercado de alquiler. Por ejemplo, los apartamentos en zonas urbanas suelen ser fáciles de rentar porque hay muchas personas buscando vivienda, mientras que los locales comerciales pueden generar rentas más altas, pero dependen del desempeño del negocio que los ocupe.

Una de las estrategias más comunes para generar ingresos pasivos con bienes raíces es comprar una propiedad para alquilarla. El proceso es sencillo en teoría: compras una casa o departamento, lo pones en alquiler y cada mes recibes dinero de tus inquilinos. Sin embargo, en la práctica, hay varios factores que determinan si esta inversión será rentable o se convertirá en un problema. Para que realmente sea una fuente de ingresos pasivos, debes asegurarte de elegir una propiedad con una buena ubicación, donde la demanda de alquiler sea alta y el valor de la renta sea suficiente para cubrir los gastos y dejarte una ganancia.

Calcular los números antes de comprar es esencial. No basta con asumir que una propiedad será rentable solo porque está en una buena zona. Debes considerar todos los costos asociados, como el pago de la hipoteca si la compras a crédito, impuestos, mantenimiento, seguros y posibles periodos en los que la propiedad esté vacía. Un error común de los inversionistas novatos es subestimar estos costos y terminar con una propiedad que les cuesta más de lo que les deja. La regla general es que la renta mensual debe cubrir todos estos gastos y aún dejarte un margen de ganancia razonable.

Otro aspecto importante es la gestión de la propiedad. Para que el ingreso realmente sea pasivo, lo ideal es que no tengas que lidiar con problemas constantes de mantenimiento, inquilinos problemáticos o pagos atrasados. Para esto, puedes contratar una empresa administradora de propiedades que se encargue de todo a cambio de una pequeña comisión sobre la renta. Esto te permitirá recibir tu dinero cada mes sin preocuparte por los detalles operativos. Aunque pagar por la gestión puede reducir un poco tus ingresos, el tiempo y la tranquilidad que ganas suelen valer la pena.

Una estrategia interesante para aumentar tus ingresos pasivos en bienes raíces es utilizar plataformas de alquiler a corto plazo, como Airbnb. En lugar de rentar tu propiedad por largos periodos, puedes ofrecerla a turistas y viajeros, lo que suele generar ingresos más altos en comparación con un alquiler tradicional. Sin embargo, este modelo requiere más atención, ya que implica gestionar reservas, limpiar la propiedad con frecuencia y asegurarte de que la experiencia del huésped sea buena.

Si no quieres lidiar con la compra y gestión de propiedades físicas, otra opción es invertir en bienes raíces a través de fideicomisos de inversión inmobiliaria, conocidos como REITs. Estas son empresas que poseen y operan propiedades generadoras de ingresos, y tú puedes comprar acciones de estas compañías en la bolsa de valores. Lo mejor de esta opción es que recibes pagos periódicos de dividendos sin necesidad de comprar, administrar o mantener ninguna propiedad. Es una forma sencilla de entrar en el negocio inmobiliario con una inversión más baja y sin la complejidad de ser propietario.

Invertir en bienes raíces para obtener ingresos pasivos no es un esquema para hacerse rico rápido, pero es una de las estrategias más seguras y confiables para construir riqueza a largo plazo. A diferencia de otros activos, una propiedad nunca perderá todo su valor y siempre habrá demanda de vivienda y espacios comerciales. Si eliges bien tus inversiones y manejas los riesgos de manera inteligente, puedes asegurarte un flujo de dinero estable por el resto de tu vida, con la posibilidad de expandir tu portafolio y multiplicar tus ingresos con el tiempo.

La clave del éxito en bienes raíces es la planificación y la paciencia. No se trata solo de comprar cualquier propiedad y esperar que el dinero empiece a fluir. Requiere investigación, análisis y una visión estratégica para elegir las mejores oportunidades. Pero una vez que encuentras una inversión rentable y bien administrada, puedes disfrutar de los beneficios de recibir dinero cada mes sin necesidad de trabajar activamente. Y eso es lo que realmente significa tener ingresos pasivos.

Franquicias y Negocios que Pagan Regalías

Las franquicias y los negocios que pagan regalías son una de las maneras más efectivas de generar ingresos pasivos de forma escalable. Son modelos que permiten a los empresarios y creadores de marcas expandir sus negocios sin necesidad de estar involucrados en cada operación diaria. En lugar de manejar cada unidad o cada venta de manera directa, reciben pagos constantes por el uso de su nombre, su producto o su modelo de negocio. Lo interesante de este sistema es que, una vez establecido, el dinero fluye sin necesidad de esfuerzo continuo.

Una franquicia es un modelo de negocio donde una persona o empresa (el franquiciante) otorga el derecho a otra persona o empresa (el franquiciado) para operar un negocio utilizando su marca, su sistema operativo y su modelo de negocio a cambio de pagos periódicos. Estos pagos, conocidos como regalías, suelen calcularse como un porcentaje de las ventas del franquiciado y representan ingresos constantes para el franquiciante. Es por eso que las grandes cadenas como McDonald's, Subway o 7-Eleven han crecido exponencialmente sin necesidad de que sus dueños manejen cada ubicación personalmente.

Para quien busca generar ingresos pasivos, hay dos maneras principales de aprovechar este sistema. La primera es creando una franquicia, es decir, desarrollar un negocio exitoso que pueda ser replicado por otros. Para que un negocio sea franquiciable, debe tener un modelo probado, ser rentable y fácil de replicar. No todas las empresas son adecuadas para convertirse en franquicias, pero aquellas que sí lo son pueden escalar rápidamente y generar ingresos significativos.

El proceso de convertir un negocio en franquicia implica documentar cada aspecto del funcionamiento del negocio, desde la forma en que se maneja la operación hasta los procesos de atención al cliente y los métodos de marketing. Luego, se vende el derecho de uso a emprendedores interesados en operar el negocio bajo la misma marca, a cambio de un pago inicial y pagos periódicos de regalías. Lo atractivo de este modelo es que el crecimiento no depende del tiempo o el capital del dueño original, sino del esfuerzo de los franquiciados que operan cada unidad.

La segunda manera de beneficiarse de este sistema es invirtiendo en una franquicia ya establecida. En lugar de crear un negocio desde cero, se compra una franquicia de una marca reconocida y se empieza a operar con el respaldo de un modelo probado. Aunque esto requiere una inversión inicial, la ventaja es que se cuenta con el apoyo del franquiciante en términos de capacitación, marketing y gestión. Si se elige bien, una franquicia puede generar ingresos pasivos con relativamente poco esfuerzo, especialmente si se delega la operación a un equipo de gestión competente.

Más allá de las franquicias tradicionales, también existen los negocios que generan regalías sin necesidad de una estructura física. Un ejemplo claro de esto son las licencias de propiedad intelectual. Si alguien crea un personaje, un diseño o una tecnología innovadora, puede licenciarlo a empresas que lo quieran usar en sus productos y recibir un porcentaje de cada venta sin necesidad de fabricar ni vender nada directamente. Es por eso que los creadores de personajes de cómics, los diseñadores de moda y los inventores de tecnología pueden ganar millones sin necesidad de estar involucrados en la producción.

Otro ejemplo de negocios basados en regalías es el mundo de la música y el entretenimiento. Un artista que graba una canción sigue ganando dinero cada vez que se reproduce en la radio, en plataformas de streaming o en películas y comerciales. De la misma manera, los autores de libros pueden recibir regalías por cada copia vendida, y los creadores de software pueden ganar dinero cada vez que alguien compra una licencia de su programa.

También existe la posibilidad de crear plataformas de suscripción que generen ingresos recurrentes. Modelos como Netflix, Spotify o servicios educativos en línea funcionan bajo esta lógica: los clientes pagan una cantidad mensual por acceso a contenido o servicios, lo que crea un flujo de ingresos estable y predecible. Este modelo de negocios es extremadamente atractivo porque permite escalar sin la necesidad de depender de ventas únicas.

Para alguien que quiere generar ingresos pasivos con franquicias y regalías, la clave es elegir un modelo que se ajuste a sus habilidades y recursos. Si se tiene una marca fuerte y un sistema de negocio bien definido, convertirlo en una franquicia puede ser una opción rentable. Si se tiene una propiedad intelectual valiosa, licenciarla a empresas interesadas puede generar ingresos sin esfuerzo. Y si se prefiere invertir en un negocio ya probado, comprar una franquicia o participar en un negocio de suscripción puede ser una excelente alternativa.

Lo más importante es comprender que los negocios basados en regalías y franquicias no solo generan dinero, sino que también crean riqueza a largo plazo. A diferencia de un trabajo tradicional donde el ingreso depende del tiempo trabajado, este tipo de modelos permiten que el dinero siga fluyendo incluso cuando no se está activamente involucrado en la operación. Y a medida que se adquieren más franquicias, se licencian más productos o se construyen más fuentes de regalías, los ingresos pasivos se multiplican, permitiendo alcanzar la libertad financiera con el tiempo.

Criptomonedas, Staking y Finanzas Descentralizadas (DeFi)

Las criptomonedas han revolucionado la forma en que las personas pueden generar ingresos pasivos a través de nuevas estrategias como el staking y las finanzas descentralizadas, también conocidas como DeFi. A diferencia de los métodos tradicionales de inversión, estos sistemas permiten que cualquiera, sin necesidad de grandes capitales ni intermediarios bancarios, pueda hacer que su dinero trabaje por él en un ecosistema digital global que opera las veinticuatro horas del día.

El staking es una de las formas más populares de generar ingresos pasivos con criptomonedas. Funciona de manera similar a los intereses que un banco paga por mantener dinero en una cuenta de ahorro, pero en este caso, en lugar de dejar el dinero en un banco, se dejan criptomonedas en una red blockchain para ayudar a validarla y operarla. A cambio de esta participación, se reciben recompensas en forma de más criptomonedas. Esto es posible en redes que funcionan con un mecanismo llamado prueba de participación o proof of stake. En este modelo, los inversionistas bloquean sus criptomonedas en un contrato inteligente y, a cambio, la red les paga con nuevas monedas generadas, lo que puede generar rendimientos mucho más altos que los que ofrece una cuenta de ahorros tradicional.

La ventaja del staking es que no requiere comprar equipos costosos ni gastar en electricidad, como ocurre con la minería de criptomonedas. Solo es necesario adquirir criptomonedas compatibles con este sistema y depositarlas en una billetera que permita hacer staking o delegarlas a una plataforma que lo haga automáticamente. Algunas de las criptomonedas más conocidas que permiten staking son Ethereum, Cardano y Solana. Dependiendo de la red, las recompensas pueden oscilar entre un dos y un veinte por ciento anual, lo que lo convierte en una estrategia atractiva para quienes desean generar ingresos sin vender sus activos.

Sin embargo, hay riesgos en el staking. Uno de los principales es la volatilidad del precio de las criptomonedas. Aunque se pueden obtener recompensas en forma de más monedas, si el valor de la criptomoneda cae drásticamente, la ganancia en tokens puede no compensar la pérdida en valor del activo. Por eso, es importante elegir proyectos sólidos y diversificar las inversiones en lugar de apostarlo todo a una sola criptomoneda.

Más allá del staking, las finanzas descentralizadas han abierto una nueva era de oportunidades para generar ingresos pasivos sin depender de bancos ni instituciones financieras tradicionales. DeFi es un ecosistema de aplicaciones que permite realizar préstamos, generar intereses, intercambiar activos y muchas otras actividades financieras sin intermediarios. Todo se ejecuta a través de contratos inteligentes, que son programas automatizados que operan en blockchains como Ethereum.

Una de las formas más populares de obtener ingresos pasivos en DeFi es a través de los protocolos de préstamos. En estos sistemas, los inversionistas pueden depositar sus criptomonedas en una plataforma que luego presta estos fondos a otros usuarios a cambio de un interés. A diferencia de los bancos, donde las tasas de interés suelen ser bajas, en DeFi las tasas pueden ser significativamente más altas, dependiendo de la oferta y la demanda de cada activo. Además, los préstamos se aseguran con colaterales en criptomonedas, lo que reduce el riesgo de impago.

Otra estrategia común en el mundo DeFi es la provisión de liquidez. Muchas plataformas descentralizadas permiten a los usuarios depositar sus criptomonedas en grupos de liquidez, que se utilizan para facilitar el intercambio de activos en los mercados descentralizados. A cambio, quienes proveen liquidez reciben una parte de las comisiones que generan estos intercambios, lo que puede traducirse en ingresos constantes si el volumen de operaciones es alto. Sin embargo, este método conlleva riesgos como la pérdida impermanente, que ocurre cuando los precios de los activos depositados cambian significativamente, afectando el valor total de la inversión.

Las oportunidades en criptomonedas, staking y DeFi son enormes, pero también requieren educación y precaución. Debido a que se trata de un ecosistema nuevo y en constante evolución, existen riesgos como la caída del valor de los activos, errores en contratos inteligentes o incluso fraudes en proyectos malintencionados. Por eso, antes de invertir en cualquier estrategia, es fundamental investigar a fondo, diversificar las inversiones y utilizar plataformas reconocidas con altos niveles de seguridad.

Lo más atractivo de este nuevo sistema financiero es que pone el control en manos de los inversionistas y ofrece oportunidades para generar ingresos pasivos sin las restricciones del mundo bancario tradicional. Para aquellos que están dispuestos a aprender y a gestionar los riesgos de manera inteligente, las criptomonedas y las finanzas descentralizadas representan una nueva frontera de libertad financiera y generación de riqueza a largo plazo.

Planificación Financiera para Vivir de Dividendos

Vivir de los dividendos es el sueño de muchos inversionistas. La idea de recibir ingresos constantes sin necesidad de trabajar activamente suena como el plan perfecto para alcanzar la libertad financiera. Sin embargo, para que esto sea una realidad, es fundamental una planificación financiera bien estructurada. No se trata solo de invertir en empresas que pagan dividendos, sino de hacerlo de una manera estratégica que garantice ingresos suficientes para cubrir todos los gastos de por vida sin que el capital inicial se agote.

El primer paso en la planificación financiera para vivir de dividendos es calcular cuánto dinero se necesita para mantener el estilo de vida deseado. Esto implica hacer un análisis detallado de los gastos mensuales y anuales, incluyendo vivienda, alimentación, transporte, seguros, entretenimiento y cualquier otro gasto recurrente. Es importante ser realista y considerar incluso gastos inesperados o de emergencia, ya que el objetivo es vivir de estos ingresos sin depender de otras fuentes.

Una vez determinado el monto necesario para cubrir los gastos, el siguiente paso es calcular cuánto capital se requiere invertir para generar esos ingresos pasivos. Para esto, se debe considerar el rendimiento promedio de las acciones que pagan dividendos. Si, por ejemplo, el portafolio genera un rendimiento del cuatro por ciento anual en dividendos y se necesitan cincuenta mil dólares al año para vivir, entonces se requeriría un portafolio de inversión de al menos un millón doscientos cincuenta mil dólares.

Este cálculo es un punto de partida, pero la clave está en estructurar el portafolio de una manera que garantice estabilidad y crecimiento a lo largo del tiempo. No se trata solo de encontrar las empresas con los dividendos más altos, sino de buscar compañías sólidas que puedan mantener y aumentar sus pagos en el futuro. Empresas con un historial de crecimiento constante de dividendos son ideales, ya que esto significa que con el tiempo los ingresos pasivos aumentarán sin necesidad de reinvertir más dinero.

Otro aspecto crucial en la planificación es la diversificación. Depender de un solo sector o de unas pocas empresas puede ser riesgoso, ya que cualquier crisis o recorte de dividendos podría afectar seriamente los ingresos. Para evitar esto, es recomendable construir un portafolio diversificado con empresas de diferentes sectores como tecnología, salud, bienes raíces, consumo masivo y energía. También es útil considerar fondos de inversión en dividendos o REITs, que son fideicomisos de inversión en bienes raíces que reparten ingresos regularmente.

La estrategia de reinversión de dividendos juega un papel importante en la acumulación de riqueza antes de alcanzar el punto en el que se pueda vivir completamente de los ingresos pasivos. Mientras no se necesite el dinero de los dividendos, lo ideal es reinvertirlos para comprar más acciones y aprovechar el interés compuesto. Con el tiempo, este efecto multiplicador puede hacer que un portafolio crezca significativamente sin necesidad de aportar más capital.

Cuando finalmente se alcanza el nivel de inversión necesario para vivir de los dividendos, la siguiente fase de la planificación es la gestión del retiro de ingresos. Algunas personas optan por retirar solo los dividendos y dejar el capital intacto, mientras que otras combinan dividendos con la venta ocasional de acciones para complementar ingresos. Es importante considerar factores como la inflación, los impuestos y la posibilidad de ajustes en los pagos de dividendos.

En términos fiscales, conocer las regulaciones sobre impuestos a los dividendos en el país donde se reside es fundamental. En algunos lugares, los dividendos tienen tasas impositivas reducidas en comparación con otros ingresos, mientras que en otros pueden estar sujetos a impuestos elevados. Planificar con un asesor financiero puede ayudar a minimizar la carga fiscal y maximizar los ingresos netos.

También es recomendable tener un fondo de emergencia en efectivo o en inversiones líquidas para cubrir cualquier imprevisto sin necesidad de vender acciones en momentos de crisis del mercado. Esto evita tener que vender activos a precios bajos y permite mantener la estabilidad financiera incluso en tiempos de incertidumbre.

La clave para vivir de los dividendos no está solo en invertir, sino en hacerlo de manera estratégica y con una mentalidad a largo plazo. Construir un portafolio sólido, diversificado y con crecimiento sostenible en el tiempo garantiza que los ingresos pasivos sean confiables y suficientes para cubrir el costo de vida. Con paciencia, disciplina y planificación, cualquier persona puede llegar a un punto en el que el dinero trabaje para ella y no al revés.

Cómo Evitar los Errores Más Comunes en Dividendos

Invertir en dividendos puede parecer un camino seguro hacia la libertad financiera, pero hay muchos errores que los inversionistas cometen y que pueden hacer que su estrategia fracase. Algunos de estos errores son el resultado de la falta de conocimiento, mientras que otros ocurren por querer obtener resultados rápidos sin evaluar bien los riesgos. Evitarlos es clave para construir un portafolio sólido y confiable que genere ingresos pasivos estables a largo plazo.

Uno de los errores más comunes es invertir en acciones solo porque pagan un dividendo muy alto. Muchas personas ven un rendimiento por dividendo del ocho, diez o incluso quince por ciento y creen que han encontrado una mina de oro. Sin embargo, un dividendo demasiado alto suele ser una señal de advertencia. Puede indicar que la empresa está en problemas financieros y que, para atraer inversionistas, mantiene un dividendo insostenible que eventualmente recortará. En lugar de dejarse llevar solo por el porcentaje de dividendos, es mejor analizar la salud financiera de la empresa y su capacidad real para seguir pagando esos dividendos en el futuro.

Otro error frecuente es no diversificar. Muchos inversionistas caen en la trampa de poner la mayor parte de su dinero en unas pocas empresas de alto dividendo, sin considerar que cualquier problema en una de ellas puede afectar gravemente sus ingresos. Para evitar este riesgo, es fundamental construir un portafolio diversificado con empresas de distintos sectores, geografías y tamaños. Incluir fondos de inversión en dividendos o fideicomisos de inversión en bienes raíces puede ayudar a reducir la exposición a cualquier problema específico de una sola compañía o industria.

Algunos inversionistas también cometen el error de no reinvertir sus dividendos. Si el objetivo es construir riqueza, reinvertir los dividendos es una de las estrategias más poderosas gracias al efecto del interés compuesto. Cada vez que se reinvierten los dividendos, se compran más acciones, lo que a su vez genera más dividendos en el futuro. Con el tiempo, este ciclo crea un crecimiento exponencial del portafolio. No aprovechar esta herramienta puede hacer que el proceso de acumulación de riqueza sea mucho más lento de lo que podría ser.

Otro error común es ignorar el crecimiento de los dividendos. No todas las empresas mantienen o aumentan sus dividendos con el tiempo. Algunas compañías pueden parecer atractivas en un principio porque pagan un dividendo alto, pero si no tienen un historial de crecimiento, el valor de ese pago se verá erosionado por la inflación con los años. Es mejor invertir en empresas que no solo paguen dividendos, sino que los aumenten constantemente. Empresas con décadas de incrementos en sus dividendos suelen ser más estables y confiables a largo plazo.

Algunos inversionistas también subestiman la importancia de los impuestos. Dependiendo del país, los dividendos pueden estar sujetos a diferentes tasas impositivas, y no planificar correctamente puede reducir significativamente los ingresos netos. Es recomendable conocer las reglas fiscales y, si es posible, invertir en cuentas con beneficios fiscales que permitan minimizar los impuestos sobre los dividendos.

Un error grave que muchos cometen es vender acciones de dividendos demasiado rápido. Puede ser tentador vender una acción cuando el precio sube para tomar ganancias rápidas, pero si la empresa sigue pagando y aumentando sus dividendos, venderla puede significar perder ingresos pasivos valiosos en el futuro. La inversión en dividendos es una estrategia de largo plazo, y el éxito depende de la paciencia y la consistencia.

Por otro lado, algunos inversionistas hacen lo contrario y se aferran a empresas que han dejado de ser rentables solo porque pagaban buenos dividendos en el pasado. Cuando una empresa reduce o elimina sus dividendos, es una señal de que algo no anda bien. En estos casos, es mejor analizar la situación con objetividad y decidir si realmente vale la pena seguir invirtiendo en ella. A veces, vender y mover el dinero a una empresa más estable es la mejor decisión.

Otro error que puede afectar gravemente una estrategia de inversión en dividendos es no tener un fondo de emergencia. Aunque los dividendos pueden ser una fuente confiable de ingresos, siempre existe el riesgo de que una recesión o una crisis en el mercado obligue a las empresas a reducir o suspender sus pagos. Si un inversionista depende exclusivamente de los dividendos y no tiene un fondo de respaldo, puede encontrarse en una situación difícil si los pagos disminuyen repentinamente. Tener un fondo de emergencia en efectivo o en activos líquidos ayuda a mantener la estabilidad financiera en tiempos de incertidumbre.

Finalmente, uno de los errores más costosos es no tener un plan claro. Muchos inversionistas compran acciones de dividendos sin una estrategia definida, esperando que el tiempo haga el trabajo por ellos. Sin embargo, es fundamental establecer objetivos financieros claros, revisar el portafolio periódicamente y hacer ajustes según sea necesario. Un buen plan incluye la selección de empresas de calidad, la diversificación adecuada, la reinversión de dividendos y la gestión de riesgos.

La inversión en dividendos es una de las estrategias más efectivas para generar ingresos pasivos y construir riqueza, pero solo funciona bien si se evita caer en estos errores. Con una mentalidad a largo plazo, una planificación adecuada y una constante revisión del portafolio, cualquier persona puede aprovechar el poder de los dividendos para alcanzar la independencia financiera.

Cómo Escalar y Expandir tu Estrategia de Ingresos Pasivos

Construir una estrategia de ingresos pasivos basada en dividendos y regalías es un gran primer paso hacia la libertad financiera, pero el verdadero crecimiento ocurre cuando se aprende a escalar y expandir esa estrategia. Muchas personas comienzan invirtiendo pequeñas cantidades y ven cómo sus ingresos pasivos aumentan con el tiempo, pero si se desea acelerar el proceso y maximizar los beneficios, es necesario implementar estrategias específicas que permitan incrementar las ganancias sin aumentar el riesgo innecesariamente.

El primer paso para escalar una estrategia de ingresos pasivos es aumentar sistemáticamente la cantidad de capital invertido. Muchas personas empiezan con una cantidad modesta, pero para realmente expandir la estrategia es necesario encontrar formas de aportar más capital de manera constante. Esto se puede lograr aumentando los ahorros destinados a inversiones, buscando nuevas fuentes de ingresos para reinvertir o incluso utilizando ingresos pasivos generados para comprar más activos. La clave está en hacer crecer el portafolio sin necesidad de depender únicamente del trabajo activo.

La reinversión automática de los ingresos pasivos es otro pilar fundamental para escalar la estrategia. Si los dividendos y regalías que se generan no se gastan, sino que se reinvierten para comprar más activos productivos, el efecto del interés compuesto empieza a jugar un papel crucial. Con el tiempo, este crecimiento exponencial puede hacer que una inversión inicial relativamente pequeña se convierta en una fuente de ingresos significativa. Programar la reinversión de dividendos en acciones adicionales o destinar las regalías a nuevas inversiones asegura que el dinero siga trabajando y multiplicándose sin interrupciones.

Otro enfoque clave para la expansión es diversificar las fuentes de ingresos pasivos. Depender exclusivamente de un solo tipo de activo, como acciones de dividendos, puede ser riesgoso si el mercado entra en una fase de recesión. Para mitigar ese riesgo, se pueden explorar otras fuentes de ingresos pasivos como bienes raíces, derechos de autor, franquicias o inversiones en criptomonedas. La diversificación no solo protege el portafolio en tiempos de incertidumbre, sino que también abre nuevas oportunidades de crecimiento.

El apalancamiento financiero bien utilizado también puede acelerar la expansión. Esto significa usar de manera inteligente el capital prestado para adquirir activos productivos que generen ingresos pasivos superiores al costo del financiamiento. En bienes raíces, por ejemplo, se puede utilizar el financiamiento hipotecario para comprar propiedades de alquiler sin necesidad de pagar el precio total de contado. En inversiones en acciones, algunos inversionistas utilizan estrategias de margen con precaución para ampliar su portafolio sin descapitalizarse completamente. Sin embargo, el apalancamiento debe manejarse con responsabilidad, ya que un uso excesivo o imprudente puede aumentar el riesgo significativamente.

Además de invertir más capital y diversificar, es importante optimizar la rentabilidad de los activos existentes. Esto implica buscar acciones de empresas que aumentan sus dividendos regularmente, renegociar contratos de regalías para obtener mejores términos o mejorar la gestión de propiedades de alquiler para incrementar su rentabilidad. La optimización continua de los ingresos pasivos es una estrategia clave para maximizar los retornos sin necesidad de aumentar los riesgos.

Otra manera efectiva de escalar una estrategia de ingresos pasivos es aprovechar la automatización. La tecnología permite automatizar la inversión en dividendos mediante planes de reinversión, utilizar plataformas de gestión de alquileres para minimizar la carga operativa en bienes raíces o incluso implementar estrategias de ingresos pasivos en línea sin la necesidad de una supervisión constante. Cuanto más automatizada sea la estrategia, más fácil será expandirla sin que el inversionista tenga que dedicar demasiado tiempo en la gestión diaria.

También es recomendable utilizar los ingresos pasivos para adquirir activos que generen aún más ingresos. En lugar de gastar los dividendos o regalías en gastos de consumo, se pueden utilizar para comprar negocios semi-automatizados, financiar startups que pagan regalías o adquirir propiedades de alquiler. Esta mentalidad de reinversión agresiva acelera el crecimiento del portafolio y acorta significativamente el tiempo necesario para alcanzar la independencia financiera.

Una estrategia avanzada para escalar es construir un ecosistema de ingresos pasivos interconectados. Por ejemplo, alguien que genera regalías de libros puede reinvertir esos ingresos en acciones de dividendos y, a su vez, utilizar esos dividendos para comprar bienes raíces. De esta manera, cada flujo de ingresos alimenta a los demás, creando un sistema financiero autosustentable que crece exponencialmente con el tiempo.

A medida que el portafolio crece, también es importante implementar estrategias fiscales para proteger los ingresos pasivos. Dependiendo de la estructura de inversión, se pueden utilizar herramientas como fideicomisos, empresas o fondos de inversión con ventajas fiscales para minimizar la carga impositiva y maximizar la rentabilidad neta. Un buen asesor financiero puede ayudar a diseñar una estrategia que optimice la estructura fiscal sin afectar la liquidez ni la seguridad financiera.

Finalmente, el aspecto más importante para escalar una estrategia de ingresos pasivos es la mentalidad de crecimiento. Muchas personas se conforman con un nivel de ingresos pasivos que cubre lo básico, pero quienes realmente alcanzan la independencia financiera son aquellos que constantemente buscan nuevas oportunidades de inversión, optimización y expansión. La clave está en nunca dejar de aprender, adaptarse a los cambios del mercado y buscar formas innovadoras de hacer que el dinero trabaje aún más eficientemente.

Escalar y expandir una estrategia de ingresos pasivos no se trata solo de invertir más dinero, sino de hacerlo con inteligencia y estrategia. Aumentar el capital, diversificar, optimizar los activos, utilizar el apalancamiento con precaución y reinvertir los ingresos son elementos fundamentales para acelerar el camino hacia la libertad financiera. Con disciplina, visión a largo plazo y una ejecución consistente, cualquier persona puede convertir una fuente modesta de ingresos pasivos en un sistema sólido que genere riqueza de manera ininterrumpida.

Vive de los Dividendos y Regalías

Vivir de los dividendos y regalías no es un sueño inalcanzable reservado solo para los grandes inversionistas o empresarios con fortunas heredadas. Es una realidad que cualquier persona con disciplina, estrategia y visión a largo plazo puede construir. La clave está en desarrollar un sistema que genere ingresos constantes sin necesidad de intercambiar tiempo por dinero. A diferencia del trabajo tradicional, donde se recibe un salario a cambio de horas de esfuerzo, los dividendos y regalías permiten que el dinero fluya sin importar si se trabaja o no.

Para vivir de los dividendos y regalías es fundamental construir una base financiera sólida. No se trata de simplemente recibir algunos pagos ocasionales, sino de generar suficientes ingresos pasivos para cubrir todos los gastos esenciales y, eventualmente, disfrutar de una vida sin preocupaciones económicas. La mayoría de las personas que logran este objetivo no lo hacen de la noche a la mañana. Es un proceso que requiere tiempo, paciencia y una estrategia bien definida.

El primer paso es establecer cuánto dinero se necesita para vivir cómodamente sin depender de un empleo. Esto implica hacer un cálculo detallado de los gastos mensuales, incluyendo vivienda, alimentación, transporte, salud, entretenimiento y cualquier otro gasto recurrente. Una vez que se tiene una cifra clara, se debe determinar cuántos ingresos pasivos se deben generar para cubrir esos costos. Si, por ejemplo, una persona necesita tres mil dólares al mes para vivir, deberá asegurarse de que sus inversiones y regalías generen esa cantidad de manera estable y predecible.

Los dividendos son una fuente clave de ingresos pasivos para lograr este objetivo. Empresas que pagan dividendos de manera consistente pueden convertirse en la columna vertebral de un portafolio diseñado para la independencia financiera. La estrategia consiste en seleccionar acciones de empresas con un historial sólido de pagos y aumentos de dividendos, reinvertirlos en más acciones mientras se construye el portafolio y, una vez alcanzado el objetivo de ingresos, comenzar a vivir de esos pagos. La ventaja de los dividendos es que provienen de empresas que siguen operando y generando beneficios, lo que hace que los pagos sean relativamente estables y, en muchos casos, crecientes con el tiempo.

Las regalías son otra vía para construir ingresos pasivos duraderos. A diferencia de los dividendos, que provienen de inversiones en empresas, las regalías surgen de la creación o propiedad de activos intelectuales o comerciales. Esto incluye libros, música, patentes, licencias de software, franquicias e incluso contenido digital. Muchas personas han logrado vivir exclusivamente de regalías, creando productos una sola vez y recibiendo pagos durante años sin necesidad de trabajar activamente en ellos.

El equilibrio ideal es diversificar las fuentes de ingresos pasivos. Depender exclusivamente de dividendos o regalías puede ser riesgoso si una fuente de ingresos se ve afectada por cambios en el mercado. Quienes viven de ingresos pasivos suelen combinar inversiones en dividendos con activos generadores de regalías y, en algunos casos, bienes raíces de alquiler. Esta combinación permite protegerse contra crisis económicas y mantener la estabilidad financiera a largo plazo.

Uno de los errores más comunes es empezar a depender de los ingresos pasivos demasiado pronto. Muchas personas se emocionan cuando comienzan a recibir pagos de dividendos y regalías y deciden dejar su trabajo sin asegurarse de que los ingresos sean sostenibles. Para evitar esto, se recomienda seguir reinvirtiendo todos los ingresos pasivos hasta que alcancen un nivel suficientemente alto como para cubrir los gastos con un margen de seguridad. Es mejor esperar unos años más y asegurarse de que el sistema está bien establecido antes de hacer una transición completa a vivir solo de ingresos pasivos.

Otro factor clave es la eficiencia fiscal. No basta con recibir ingresos pasivos, también hay que asegurarse de que los impuestos no reduzcan drásticamente las ganancias. Dependiendo del país, existen estrategias legales para minimizar la carga fiscal, como invertir en cuentas con beneficios impositivos, estructurar negocios de manera eficiente o diversificar los ingresos en diferentes jurisdicciones. Contar con un asesor financiero que entienda la optimización fiscal puede marcar una gran diferencia en la cantidad de dinero disponible para vivir.

El estilo de vida de una persona que vive de dividendos y regalías también es importante. Muchas veces, quienes logran la independencia financiera descubren que no necesitan gastar tanto dinero como pensaban. Sin la presión de un empleo, los gastos pueden reducirse significativamente al mudarse a un lugar más económico, evitar gastos innecesarios o simplemente adoptar un estilo de vida más simple y relajado. La verdadera riqueza no está solo en cuánto dinero se tiene, sino en la libertad de decidir cómo vivir sin estar atado a un empleo o a la necesidad de generar más ingresos constantemente.

Para muchas personas, vivir de ingresos pasivos no significa dejar de trabajar por completo, sino tener la opción de hacerlo solo en proyectos que realmente disfrutan.

Algunos siguen creando contenido, invirtiendo en nuevos negocios o desarrollando ideas innovadoras porque les apasiona. La gran diferencia es que ya no lo hacen por necesidad, sino por elección. Esa es la verdadera esencia de la independencia financiera.

Construir un sistema de ingresos pasivos basado en dividendos y regalías no solo proporciona estabilidad financiera, sino que también permite diseñar una vida sin estrés económico. No se trata de hacerse rico de la noche a la mañana, sino de construir una base sólida que permita recibir dinero de manera automática y consistente. Con una estrategia bien estructurada, disciplina y paciencia, cualquier persona puede alcanzar este objetivo y vivir una vida donde el dinero trabaje para ellos en lugar de ellos trabajar por dinero.

www.ingramcontent.com/pod-product-compliance
Lightning Source LLC
LaVergne TN
LVHW060259051026
849517LV00003B/865
* 9 7 9 8 2 3 0 0 9 8 3 2 4 *